VENTE DU LUNDI 23 DÉCEMBRE 1895

HOTEL DROUOT, SALLE Nº 6

à deux heures

TABLEAUX

ET

ÉTUDES

par feu

HUGO SALMSON

MEUBLES — OBJETS D'ART

TAPISSERIES

EXPOSITION PUBLIQUE

LE DIMANCHE 22 DÉCEMBRE 1895

DE UNE HEURE ET DEMIE A CINQ HEURES ET DEMIE

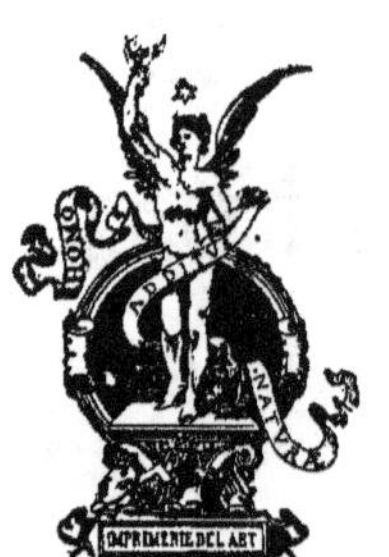

HONOR
ADOUR
NATVRA
IMPRIMERIE DEL ART

CATALOGUE

DE

TABLEAUX & ÉTUDES

par feu

HUGO SALMSON

MEUBLES — OBJETS D'ART

TAPISSERIES

DONT LA VENTE AURA LIEU

Par suite de son décès

HOTEL DROUOT, SALLE N° 6

Le Lundi 23 Décembre 1895

A DEUX HEURES

<table>
<tr><td>COMMISSAIRE-PRISEUR</td><td>EXPERT</td></tr>
<tr><td>Me PAUL CHEVALLIER</td><td>M. EUG. FÉRAL, peintre</td></tr>
<tr><td>10, rue Grange-Batelière, 10</td><td>54, Faubourg-Montmartre, 54</td></tr>
</table>

Chez lesquels se trouve le présent Catalogue

EXPOSITION PUBLIQUE

Le Dimanche 22 Décembre 1895, de 1 heure 1/2 à 5 heures 1/2

CONDITIONS DE LA VENTE

Elle sera faite au comptant.

Les Acquéreurs payeront CINQ POUR CENT en sus des enchères.

Paris. — Imp. de l'Art. E. MOREAU et Cⁱᵉ, 41, rue de la Victoire.

DÉSIGNATION

TABLEAUX ET ÉTUDES

1 — *Fille de ferme.*

Salon du Champ de Mars, 1894.

Toile. Haut., 2 m. 20 cent.; larg., 2 m. 10 cent.

2 — *Les Orphelins.*

Salon de 1884.

Toile. Haut., 1 m. 37 cent.; larg., 2 m. 20 cent.

3 — *La Fête chez la grand'mère.*

Exposé au Champ de Mars et médaillé à l'Exposition de Vienne.

Toile. Haut., 1 m. 20 cent.; larg., 1 m. 50 cent.

4 — *Fleurs de printemps.*

Exposition universelle de 1889.

Toile. Haut., 1 m. 27 cent.; larg., 1 m. 75 cent.

5 — *Après l'Incendie.*

Salon de 1888.

Toile. Haut., 1 m. 30 cent.; larg., 1 m. 90 cent.

6 — *Jeune Paysanne vêtue de blanc.*

Étude pour *les Communiantes.*
Salon de 1882.

Toile. Haut., 55 cent.; larg., 38 cent.

7 — *Les Orphelins.*

Étude pour le tableau du Salon de 1884.

Toile. Haut., 53 cent.; larg., 72 cent.

8 — *Paysanne debout regardant vers la droite.*

Étude pour l'*Arrestation.*
Médaillé au Salon de 1879. — Musée du Luxembourg.

Toile. Haut., 55 cent.; larg., 38 cent.

9 — *Jeune Fille vêtue de blanc tenant un cierge.*

Étude pour *les Communiantes*.
Salon de 1882.

Bois. Haut., 60 cent.; larg., 43 cent.

10 — *Femmes suédoises debout.*

Esquisse.

Toile. Haut., 61 cent.; larg., 46 cent.

11 — *Femme coiffée d'un bonnet blanc vue de profil.*

Étude pour *les Batteurs d'œillette*.
Salon de 1880.

Toile. Haut., 73 cent.; larg. 60 cent.

12 — *Femme debout tenant un livre.*

Étude pour *les Communiantes*.
Salon de 1882.
Le tableau a été acheté par l'État.

Toile. Haut., 80 cent., larg., 55 cent.

13 — *Les Batteurs d'œillette.*

Esquisse.

Toile. Haut., 60 cent.; larg., 73 cent

14 — *Ouvrier binant des betteraves.*

Étude.

Salon de 1878.

Toile. Haut., 80 cent.; larg., 59 cent.

15 — *Jeune Paysanne debout appuyée sur sa binette.*

Étude pour *les Bineurs de betteraves.*

Salon de 1878.

Toile. Haut., 90 cent.; larg., 62 cent

16 — *Les Batteurs de blé.*

Esquisse.

Toile. Haut., 46 cent.; larg., 55 cent.

17 — *Enfant au bord de la mer.*

Esquisse.

Toile. Haut., 45 cent.; larg., 61 cent.

18 — *Paysanne faisant des menaces.*

Esquisse pour *l'Arrestation*.

Salon de 1879.

Toile. Haut., 54 cent.; larg., 73 cent.

19 — *Paysanne pleurant.*

Étude pour *l'Arrestation*.

Salon de 1879.

Toile. Haut., 54 cent.; larg., 73 cent.

20 — *Trois Fillettes étudiant leur leçon.*

Toile. Haut., 1 m. 10 cent.; larg., 1 m. 30 cent.

21 — *Le Retour des champs.*

Toile. Haut., 1 mètre; larg., 1 m. 35 cent

22 — *Petits paysans au repos.*

Esquisse.

Toile. Haut., 27 cent.; larg., 20 cent.

23 — *Les Enfants du fermier.*

Ébauche.

Toile. Haut., 45 cent.; larg., 61 cent.

24 — *La Confidence.*

Esquisse.

Toile. Haut., 70 cent.; larg., 55 cent.

25 — *Maison brûlée.*

Étude pour *Après l'incendie.*
Salon de 1888.

Toile. Haut., 54 cent.; larg., 73 cent.

26 — *Enfant blond, vu en buste.*

Toile. Haut., 46 cent.; larg., 37 cent.

27 — *Paysanne travaillant aux champs.*

Bois. Haut., 40 cent.; larg., 32 cent.

28 — *Une Fileuse.*

Esquisse.

Toile. Haut., 32 cent.; long., 45 cent.

29 — *Cour de ferme.*

Toile. Haut., 39 cent.; larg., 50 cent.

30 — *Fille de ferme.*

Esquisse pour le Salon de 1894.

Toile. Haut., 40 cent.; larg., 39 cent.

31 — *Enfant dans les blés.*

Esquisse.

Toile. Haut., 39 cent.; larg., 60 cent.

32 — *Le Retour des Champs.*

Ébauche.

Toile. Haut., 61 cent.; larg., 45 cent.

33 — *Paysanne coupant du pain.*

Esquisse en grisaille.

Toile. Haut., 61 cent.; larg., 4C ent.

34 — *Petite paysanne couchée dans les blés.*

Esquisse.

Toile. Haut., 80 cent.; larg., 1 m. 15 cent.

35 — *Enfants jouant au ballon.*

Esquisse.

Toile. Haut., 73 cent.; larg., 1 mètre

36 — *La Petite gardeuse d'oies.*

Esquisse.

Toile. Haut., 84 cent.; larg., 69 cent.

37 — *La Visite chez l'accouchée.*

Esquisse pour un tableau de Salon.

Toile. Haut., 45 cent.; larg., 61 cent.

38 — *La Jeune mère.*

Esquisse.

Bois. Haut., 72 cent.; larg., 60 cent.

39 — *Paysanne et son enfant.*

Ébauche.

Toile. Haut., 1 m. 92 cent.; larg., 1 m, 40 cent.

40 — *Enfants auprès d'une barrière.*

Esquisse.

Toile. Haut., 51 cent.; larg., 68 cent.

41 — *Enfant jouant au bord de la mer.*

> Toile. Haut., 54 cent.; larg., 73 cent.

42 — *Jeune fille étendue sur un canapé.*

Esquisse.

> Toile. Haut., 54 cent.; larg., 73 cent.

43 — *Petit paysan vu de dos.*

Étude pour *les Batteurs d'œillette.*
Salon de 1880.

> Toile. Haut., 72 cent.; larg., 60 cent.

44 — *Fillette debout.*

Esquisse.

> Toile. Haut., 40 cent.; larg., 32 cent.

45 — *Une Ferme.*

Esquisse.

> Toile. Haut., 54 cent.; larg., 73 cent.

46 — *Jeune fille assise.*

Esquisse.

> Toile. Haut., 73 cent.; larg., 60 cent.

47 — *Paysanne binant des betteraves.*

Étude pour le tableau du Salon de 1878.

Toile. Haut., 80 cent.; larg., 60 cent.

48 — *Entrée de village.*

Esquisse.

Toile. Haut., 54 cent.; larg., 73 cent.

49 — *Étude de paysage.*

Toile. Haut., 55 cent.; larg., 85 cent.

50 — *Vieille femme portant des bottes d'œillette.*

Étude pour *les Batteurs d'œillette.*
Salon de 1880.

Toile. Haut., 73 cent.; larg., 60 cènt.

51 — *Femme âgée vêtue de noir.*

Étude pour *les Communiantes.*
Salon de 1882.

Toile. Haut., 73 cent.; larg., 54 cent

52 — *Petite gardeuse de dindons.*

Esquisse.

Toile. Haut., 87 cent.; larg., 60 cent.

53 — *Maison de villageois.*

> Étude pour *les Orphelins.*
> Salon de 1884.

> Toile. Haut., 46 cent.; larg., 73 cent.

54 — *Petite paysanne assise.*

> Esquisse.
> Salon de 1893.

> Toile. Haut., 73 cent.; larg., 54 cent.

55 — *Maison de villageois aux environs de Luchon.*

> Étude.

> Toile. Haut., 32 cent.; larg., 41 cent.

56 — *Porte d'église.*

> Étude pour *les Communiantes.*
> Salon de 1882.

> Toile. Haut., 83 cent.; larg., 1 m. 20 cent.

EKSTROM

57 — *Bords de rivière ; soleil couchant.*

Esquisse.

Bois. Haut., 45 cent.; larg., 63 cent.

GEGERFELDT

58 — *Cours d'eau et chaumière.*

Esquisse.

Toile. Haut., 39 cent.; larg., 46 cent.

VOLKART

(MAX)

59 — *La Consultation.*

Esquisse.

Bois. Haut., 33 cent.; larg., 22 cent.

60 — Sous ce numéro, les tableaux et études non catalogués.

61 — Sous ce numéro, divers ustensiles d'atelier, chevalets, meubles anciens et modernes, objets d'art, tapisseries anciennes.

www.ingramcontent.com/pod-product-compliance
Lightning Source LLC
LaVergne TN
LVHW021903180726
843502LV00008B/2840